marmotta
gazza
merlo
corvo
la lepre
ghiro sveglio
criceto
picchio
api
talpa
coniglio
grillo
cicala
formiche
gufo
donnola

Lasciate che mi presenti: io sono il Riccio, uno degli abitanti del bosco. Leggendo i nostri libri potrete seguirci nelle nostre avventure e conoscere il mondo in cui viviamo. Da noi la violenza non esiste, come non esiste l'egoismo, perché tutti cercano di aiutarsi a vicenda. Siamo felici perché affrontiamo la vita e i suoi problemi con allegria. Ringraziamo ogni giorno che nasce di questa nostra vita meravigliosa.

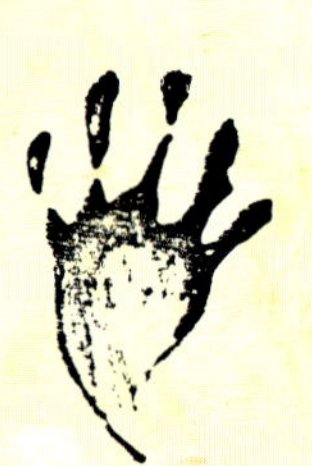

Il Riccio

Stampa Officine Grafiche De Agostini - Novara
Confezione Legatoria del Verbano S.p.A.

Edizione n. 20 21

TONY WOLF

STORIE DEL BOSCO

DAMI EDITORE

La festa di primavera

Ah, la festa di primavera! Nessuno degli abitanti del bosco vorrebbe perderla!

La festa di primavera, con il Topo Nero che dirige l'orchestra di bombi, grilli e cavallette, e con la Cicala, chitarra solista! La festa di primavera, quando il cielo è sereno e pieno di stelle, l'aria tiepida e profumata, e il barile pieno di dolce sciroppo di lampone!

Mancare a questa festa? Ci mancherebbe altro!

È cominciata, però, con un "AHI!" che s'è sentito in ogni angolo del bosco.

"Che cosa sarà successo?", ha chiesto la Tartaruga al Corvo, e questi ha risposto: "Che cosa vuoi che sia successo? Il Riccio doveva piantare l'avviso, e come tutti gli anni s'è dato una martellata sul dito."

Proprio così. Succede tutti gli anni, a primavera. E, ormai, nessuno ci fa più caso. Nemmeno il Riccio.

Ci sono tutti; c'è anche un forestiero, stavolta: un altro Ranocchio, e non si sa chi sia, donde venga e dove vada, ma è il benvenuto lo stesso. Il Toporagno gli dice:

"Vedi, adesso che l'orchestra ha suonato l'Inno della frittata, si comincia a ballare."

"Ma che cosa c'entra la frittata con la vostra festa?"

"Non lo so. Nessuno lo sa, che bisogno c'è di saperlo? È un inno che ci piace, e basta!"

Certo. Questo è il segreto degli abitanti del bosco: non farsi troppe domande. La vita è già complicata, perché complicarla di più? Per esempio il Tasso, calendario alla mano, ha dimostrato che il giorno preciso di primavera non è oggi, ma domani. Sapete che cosa hanno risposto l'Orsacchiotto e la Volpe? "Caro Tasso, tutti i giorni sono buoni per far festa!"

E ora si balla. Il Ranocchio ha invitato la Gazza: "Oh, grazie, avevo una gran

"Ahi, che male!"

paura che m'invitasse il Riccio: capirai, con tutte quelle spine!"
Il Riccio ha invitato la Coniglietta; a distribuire lo sciroppo di lampone pensa lo Scoiattolo, e il Topo D'acqua serve i pasticcini, e c'è un brusio, un chiacchierio, un va e vieni che fa meraviglia; l'orchestra suona e tutti sono felici perché non è difficile essere felici, nel bosco.
Veramente, c'è qualcuno col muso lungo. È il Corvo: bombetta sugli occhi e ali dietro la schiena, trova che le cose non vanno come dovrebbero:
"Grà dico e grà ripeto, grà! Sciocchezze, queste feste!", brontola. "Perché allora non fare la festa d'estate o d'autunno?
Non mi piace, non mi diverto, quasi quasi me ne vado! Ehi, voialtri due!", esclama rivolto al Castoro e alla Marmotta, "che cosa avete da ridere?"
"Ah ah ah!... Noi? Ma noi... ah ah ah... non ridiamo mica!"
E giù a ridere, e sapete perché? Perché il Castoro ha chiesto alla Marmotta: "Come mai il Corvo tiene sempre la bombetta?"
"Non lo sai?", ha risposto la Marmotta, "perché ha la testa pelata!"
Povero Corvo brontolone dalla testa pelata! Dice che queste sono tutte sciocchezze; dice d'annoiarsi alla festa, invece si diverte un mondo. E quando la festa è finita, quando tutti, felici e contenti e stanchi morti, sono a dormire nei loro nidi e nelle loro tane, eccolo far pulizia, portar via i rifiuti e dire fra sé: "Ah che delizia la festa di primavera! Mi diverto un mondo! Ma, grà dico e grà ripeto, grà! Bisogna che domattina il bosco sia pulito come sempre! Se no, che cosa direbbero i fiori?"

...e alla fine della festa il Corvo con il suo bidone porta via tutta la spazzatura.

La gara dei baccelli

Piselli!...
I due fratelli Riccio... ne vanno matti. S'alzano alla mattina presto, quando gli uccelli dormono ancora e il bosco è silenzioso e bagnato di rugiada, e vanno a cercarli. Sono capaci di star via fino a sera, ma quando tornano si portano sulle spalle una vera catasta di baccelli verdi.
Che piacere poi, a sera, aprirli: si sente un "pac!" e si diffonde nell'aria un fresco profumo di piselli.
"Sniff sniff! Mi vien voglia di mangiarli tutti!", sospira uno dei fratelli, ma l'altro, più saggio, fa segno di no: "No, si mettono nei barili e si conservano sotto sale."
"Almeno qualcuno!"
"Niente. Dobbiamo pensare all'inverno, quando non troveremo più verdura fresca, come adesso!"
Intanto che lavorano a riempire i barili, uno dei due dice:
"Sai? È proprio un peccato buttar via i baccelli!"
"Lo penso anch'io, ma che vuoi farne? Non si possono mangiare!"
"Eppure, a qualcosa dovrebbero servire! Senti, perché non facciamo un concorso? Chi avrà trovato il modo di utilizzare meglio i baccelli, avrà... ecco: avrà in premio un barile di piselli salati!"
La notizia si diffonde in un baleno e il giorno dopo, ciascuno viene a dire la sua. Dice il Ranocchio:
"Dipingiamo uno stemma su ogni baccello: faremo una gara di canoa."
Dice la Cicala: "Io propongo che con i baccelli si facciano delle amache da appendere tra ramo e ramo. Ah, che dormite!"
Dice la Coccinella: "Secondo me, un baccello pieno d'acqua può essere usato come vasca da bagno."
Dice il Ragno: "Io lo userei come trappola per le mosche", ma tutti insorgono, sdegnati e inorriditi dall'idea e gli dicono di star zitto; lui, tutto mortificato, si ritira in un angolo.
"Perché non usare un baccello come culla?", dicono, parlando come al

"Che profumo! Chissà come sono buoni!"

solito tutte insieme, le tre sorelle Topine.
Le idee davvero non mancano e si sta discutendo, quando arriva trafelato lo Scoiattolo: “Ehi, ehi, ragazzi!”, grida. “Venite a vedere che cosa stanno facendo le formiche!”
Tutti lo seguono di corsa fino al ruscello. E là rimangono a bocca aperta. Le formiche hanno legato i baccelli a due a due, come se fossero barche, li hanno ancorati sul fondo (be’, a questo, veramente, ha pensato il Ranocchio) tra una coppia di baccelli e l’altra, poi hanno cominciato a sistemare lunghi e folti fili d’erba, ripuliti e tagliati su misura in modo da formare un ponte. Si tratta d’un lavoro faticoso e anche pericoloso, perché c’è sempre il rischio di cadere nel ruscello, ma c’è pronta una squadra di soccorso, con tanto di salvagente.
Nel giro di qualche ora, tra le due rive è gettato il ponte: proprio come un vero ponte di barche e così, per varcare il ruscello, non sarà più necessario scendere fino al guado e bagnarsi i piedi!
“Questo è un capolavoro di ingegneria!”, commenta il Castoro che di ponti se ne intende perché è il suo mestiere.
Quando il lavoro è finito, il Ranocchio dice:
“Care Topine, vorreste essere le prime a passare? Vorreste inaugurare il ponte?”
Le tre sorelle chiedono esitanti: “In... in... augurare il ponte?”
“Niente paura! Non c’è nessun pericolo. È un ponte che potrebbe sostenere un elefante! Un elefante piccolo piccolo si capisce.”
“Su, su, venite!”, dicono i ricci... e le tre Topine si fanno coraggio e, dapprima timorose ma poi sempre più sicure, passano il ponte, tra gli applausi e gli evviva delle formiche.
Tutti sono d’accordo e alle formiche, con una solenne cerimonia, è assegnato il premio per il miglior utilizzo dei baccelli.
Ma il Ranocchio non si dà per vinto:
“A me, del premio non importa proprio niente, e poi i piselli salati non mi piacciono”, borbotta, dandosi da fare con pennello e vernice. “Adesso dipingo degli stemmi sui baccelli rimasti... e che gare di canoe sul ruscello!”

...galleggeranno davvero le canoe che sta dipingendo il Ranocchio? Meno male che sa nuotare bene!

Il matrimonio dei merli

Dlin-dlin! Dlin-dlin-dlin!
Gli abitanti del bosco si svegliano, sbattono le palpebre, tirano su la testa, tendono le orecchie in ascolto.
Dlun-dlon-didididididlon!
Che cosa succede? Chi suona così? Non s'è mai sentita, nel bosco, una sveglia come questa!
"Calma! Tranquilli!", dice il Corvo. "Vado a vedere e torno!" Esce dal nido, svolazza qua e là, sente il suono venire da quel ciuffo di bambù, s'apposta su un ramo vicino, da' un'occhiata...
"Grà dico e grà ripeto, grà! Ma quello è il Leprotto che suona! Ehi, Leprotto", chiede posandosi a terra,

"Dai, spingi! Sta per cominciare la festa!"

"che fai?"
"Non lo vedi? Sto suonando", risponde il Leprotto, e con due piccoli martelli di legno batte sulle bottiglie che ha davanti. Il Corvo s'avvicina con una smorfia di stupore:
"Che roba è questa?"
"Siccome non ho un organo, ho recuperato con l'aiuto dei topini queste bottiglie, e le ho riempite ognuna con una quantità diversa d'acqua, in modo che ogni bottiglia dia un suono speciale, non senti che bello? Dlin-dlon-du-du-du-dlon! È un inno nuziale. L'ho scritto io. È intitolato: "Lunga vita, lunga felicità agli sposi e tanti piccoli."
"Bellissimo! Ma a che serve un inno nuziale?"
"Come? Non sai che oggi il Merlo sposa la sua fidanzata? Oh! Eccoli! Stanno arrivando, fatti da parte!"
Certo: tutti si sono ora ricordati che oggi è il giorno del matrimonio dei merli, tutti hanno messo l'abito buono e fanno ala al corteo che giunge solenne. È aperto dal Topo Nero, che è rimasto tre volte vedovo e che, quindi, di certe cose se ne intende e fa da cerimoniere. Lo sposo è in nero, la sposina ha un bellissimo e lievissimo strascico che i bombi tengono solleva-

IMPORT

to da terra; i topini hanno provveduto a cospargere il sentiero di fiori profumati. Il Leprotto suona e le cinciarelle cantano in coro:
"Per la lor felicità
e una vita dolce e nuova
grano duro in quantità
e nel nido tante uova!"
Dalla sua foglia, il Bruco guarda e pensa: "Che faccio? Scendo e seguo il corteo, o sto a guardare da qui? Vado al pranzo di nozze, o faccio il mio solito spuntino con un po' di lattuga? Boh, adesso mi decido..."
Nell'allegria generale, un muso lungo e occhi un po' lucidi. È il Corvo, che si tiene in disparte e guarda triste. Già. Aveva sempre avuto un debole per la Merla, lui; ci aveva fatto dei pensieri, anzi una volta era stato lì lì per farle la dichiarazione... e adesso...
"Oh, be'! Per una Merla perduta, cento ritrovate!", esclama infine e se ne va tutto imbronciato nel bosco.
E così, naturalmente, non può partecipare al grande pranzo nuziale, che si tiene all'aperto su un tavolo lungo, ma tanto lungo che non c'è una tovaglia che lo copra tutto. Una tovaglia adatta, veramente, ci sarebbe: l'hanno in casa le sorelle Topine, ma non la vogliono tirar fuori: "La useremo", dicono, "soltanto quando si sposerà una di noi." E questo vuol dire che non la useranno mai, perché sono così felici e contente d'essere zitelle, che nemmeno ci pensano al matrimonio!
Insomma, per coprire il tavolo si sono usate cinque tovaglie, l'effetto però è bello e fa allegria, e fino a sera il bosco risuona di risate.
Proprio a sera arriva lento lento il Bruco. Si è finalmente deciso, è sceso dalla foglia, è arrivato per mettersi a tavola... Troppo tardi! Non c'è più nessuno a tavola. Non ci sono più nemmeno le briciole: le hanno prese le formiche...

Il Topo Nero si alza: "...un brindisi! Evviva gli sposi!"

"...e dopo aver parlato della loro felicità, buon appetito!"

Il condominio

Se l'aspettavano tutti:
"Ve lo dico io", diceva lo Scoiattolo, "è mezza cava: anzi è cava del tutto. Non può stare in piedi."
"È vero, è vero", approvavano i bombi.
"Lo sapete quanti anni ha? Duecento, trecento, forse mille. È la pianta più vecchia della foresta. Cadrà prima o poi, poverina!"
Tutti sospiravano e guardavano con malinconia la grande, vecchia e rugosa quercia che ormai non dava più ghiande e non aveva più foglie... Poi, una notte di bufera, si sentì uno scricchiolio e un gran tonfo...
Il giorno dopo, con il sole non ancora ben alto nel cielo, tutti sono nella radura, attorno alla grande quercia sradicata:
"Com'erano buone le sue ghiande!", sospira il Riccio.
"Era così bello giocare a nascondino tra le sue foglie e i suoi rami!", dice il Merlo.
"Peccato che non serva più a nulla!", concludono a tre voci le sorelle Topine.
Ma il Castoro, inforcati gli occhiali e grattandosi il mento, dice:
"Calma, calma. Chi dice che non serve più a nulla? Lasciatemi prendere un paio di misure!"
Tira fuori carta, metro, compasso e matita, si mette ad andare su e giù, ad armeggiare con la fronte corrugata attorno al tronco, poi esclama:
"Togliendo un po' di legno qui, alzando qualche parete là, aprendo qualche finestra e qualche porta... ne verrebbe fuori una tana meravigliosa! Ma che dico, una tana? Ne verrebbe fuori un... un condominio!"
Dopo un attimo di silenzio meravigliato, la Tartaruga mormora: "Già, ma chi può fare tutto questo lavoro?"
"Semplice, i picchi."
L'accordo è presto concluso in cambio di un sacchetto di ghiande.
I picchi prendono a colpire il legno con i loro becchi robusti, seguendo le

"...noo! La porta deve essere più larga!"

Condominio
la Quercia
1
2
3
4
5

indicazioni del Castoro, ed ecco profilarsi una finestra qui e una porta là; intanto, il Riccio, la Talpa e il Tasso si danno da fare a metter su pareti e a preparare serramenti. Insomma, in qualche giorno il grande tronco è trasformato in... sì!, in un condominio, con cinque appartamenti che le sorelle Topine spazzano, puliscono e spolverano alla perfezione e che arredano poi con tende e tendine.
Si sistemano gli ingressi e si fa anche un terrazzino dove stendere i panni. Non si è mai vista, nel bosco, una casa del genere.
Infine, il trasloco: al numero 1 va ad abitare il Toporagno, al 2 i ricci, al 3 il Topo Nero (che per prima cosa sistema una vecchia pendola, ereditata dalla sua prima moglie), al 4 il Criceto, al 5 dovrebbe andare la Talpa, ma...
"Ma io non so se mi troverò bene lì dentro", dice.
"Come? Non ti piace?", esclama il Castoro.
"Non è questo... Ma vedi, il mio hobby è scavare gallerie. Di notte, ecco, mi sveglio e comincio a scavare, e ogni tanto metto la testa fuori per vedere dove sono arrivata. Come potrei scavare gallerie nel condominio? Rischierei di metter la testa nella stanza del Topo Nero!"
"Oh no, questo non deve accadere!", dice il Castoro. "Guarda, andrai ad abitare in cantina, sottoterra, e potrai scavare tutte le gallerie che vorrai!"
"Questa sì che è un'idea!", esclama la Talpa e si mette subito al lavoro. Prima di sera, eccola lì stanca morta e felice nella sua nuova tana. Gi abitanti del condominio sbirciano dalla finestra:
"Meno male", mormorano, "che dorme in cantina! Sentite come russa! Ci avrebbe tenuti svegli tutti quanti!"
Così, anche caduta, anche senza foglie e senza ghiande, la vecchia quercia continua a far parte del bosco.

"Chissà cosa sta sognando per russare così!"

"...quello è il Gran Carro", dice il Topo Nero, "e là il Sagittario..."

Le stelle cadenti

Topo Nero è certamente il più avventuroso degli abitanti del bosco. Ha viaggiato molto, lui, e ha visto il mondo. S'è imbarcato da ragazzo su una nave mercantile (nella stiva, si capisce; anzi nella cambusa, dove c'erano viveri in abbondanza); non smette mai di raccontarlo.
"Ma come potevi vedere il mondo", gli chiede l'Orsetto, "se stavi sempre chiuso nella stiva?"
"Eh, caro mio, di notte, quando non c'era nessuno, salivo sul ponte e vedevo il mare. E il cielo. E le stelle cadenti."
"Le stelle cadenti? Come sarebbe, le stelle cadenti?", chiedono tutti, incuriositi. Topo Nero allarga le zampe.
"Come? Non sapete che d'estate le stelle cadono?"
Il Riccio si volge dubbioso al vecchio Gufo che, lo sanno tutti, conosce il cielo e la notte meglio di chiunque altro:
"Di', Gufo, è vero, o il Topo Nero ci sta prendendo in giro?"
"È vero, è vero. Le stelle cadono. Le ho viste anch'io."
"Perbacco! E questa", esclama Topo Nero, "è la notte del 10 agosto, quando le stelle cadono di più! Su, ragazzi, andiamo!"
"Andiamo? E dove?"
"Alla grande radura, da dove si vede il cielo! Ah, che peccato! Su, presto!"
Tutti sono presi dall'entusiasmo e s'avviano, seguendo il Gufo e il Topo Nero che parlano di Cassiopea, di Andromeda e delle Pleiadi, e dicono altre parole difficilissime. Le sorelle Topine viaggiano su un carretto tirato dal Tasso, e vengono poi gli altri: i ranocchi, la Talpa, la Cavalletta, tutti, insomma. C'è al solito molta allegria, ma a lamentarsi questa volta sono le tartarughe: "Ehi!", dicono, "se andate così in fretta, ci lasciate indietro!"
Il Ghiro cammina per un po', poi il sonno lo prende; comincia a sbadigliare, viene avanti ad occhi chiusi, va a sbattere il naso contro due o tre alberi e, non appena sente una voce

Stagno d'oro
Via del Gelso

dire: "Siamo arrivati!", ecco che con un gran sospirone si distende nell'erbetta e comincia a russare.
Peccato per lui. Perché sulla testa degli abitanti del bosco non c'è più la cupola verde dei rami, ma quella immensa del cielo, e il cielo è un meraviglioso nero velluto sul quale brillano le stelle.
"... e quello è il Gran Carro", dicono il Gufo e il Topo Nero, "e quello il Sagittario e quello..."
"Guardate! Cade una stella!", grida qualcuno; lassù nel cielo s'è vista come apparire e scomparire una striscia d'argento.
"Un'altra!... E un'altra ancora! Guardate!"
"Chi ne vede di più, torna a casa sul carretto!", annuncia il Gufo, ed è allora una gara d'attenzione; a ogni cader di stella si levano grida di meraviglia e di stupore, e ognuno cerca di gridare prima degli altri... ma, ron-ron, il Ghiro continua a russare.
"Sapete che facciamo a questo dormiglione?", chiede il Ranocchio, "Gli facciamo lo scherzo del lupo, che ne dite?"
Tutti sono d'accordo: si stringono in punta di piedi attorno al Ghiro che ronfa, e a un segnale si alza il grido: "Al lupo! Al lupo!"
E il Ghiro salta su, mettendosi a sedere spaventato con gli occhi spalancati e la bocca aperta.
È una risata generale.
"Eh, che scherzi di cattivo gusto!", fa il Ghiro, ma gli altri continuano a ridere e poi riprendono a guardare il cielo.
Passano così le ore, e cadono tante stelle.
Poi, il primo brivido di freddo; le stelle stanno scomparendo; non c'è più la loro luce, ma buio fitto.
"Come faremo a trovare la strada per tornare?", chiedono le Topine.
"Ci pensiamo noi!", dicono il Riccio e il Ranocchio, ed aprono una gran cesta, dalla quale escono cento lucciole che illuminano il sentiero: è come se tante piccole stelle fossero venute a indicare la strada.
Con la loro luce gli abitanti del bosco tornano a casa, mentre il Ghiro, che ha ricominciato a dormire, fa placidamente "ron-ron" e il Topo Nero e il Gufo riavvolgono la carta del cielo che avevano portato con sé.

"Attento, la mappa è così vecchia che può strapparsi!"

La piscina

Ah, che brutto momento era stato quello!
Era un giorno molto caldo, l'acqua del ruscello scorreva fresca che era una meraviglia, e uno dei due topini s'era tuffato. Mentre stava tuffandosi, ancora sospeso nell'aria, s'era ricordato però di non saper nuotare. "Oh, mamma, come faccio adesso?", s'era domandato.
Troppo tardi: ciuff! era finito in acqua, e la corrente l'avrebbe portato chissà dove, se non fosse arrivato il Riccio. "Ecco, coraggio, attaccati a questo!", aveva gridato, allungando uno stelo fiorito verso il Topino in pericolo. Questi l'aveva afferrato, e così era tornato a riva, intirizzito e spaventato: per miracolo non era accaduta una disgrazia!
Gli abitanti del bosco non vogliono che cose del genere si ripetano: "Mica tutti siamo come la Lontra, il Castoro e il Ranocchio, che stanno bene nell'acqua come sulla terra! Ora che è estate, dobbiamo fare qualcosa se non vogliamo che qualcuno anneghi!"
"Semplicissimo!", dice il Castoro, "faremo una piscina!" E tirati fuori carta, matita, metro e compasso comincia a fare i suoi calcoli. Poi ordina:
"Su, al lavoro. Cominciate a scavare qui."
"Qui, in questo prato? Ma non c'è acqua qui!"
"Scavate, vi dico! La volete o no, la piscina?"
"SSSSSSì!"
"E allora, al lavoro!"

"Aggrappati a questo ramo! E tieni la bocca chiusa altrimenti bevi!"

Si scavano dunque nel terreno tre buche di diversa profondità e divise da arginetti; attraverso un piccolo canale, s'avvia ad esse l'acqua del ruscello, che le riempie e le trasforma in vere e proprie vasche.
"Evviva!", gridano gli abitanti del bosco, "abbiamo le piscine!"
"Attenzione, però", avverte il Castoro, "per ora, useremo solo questa nel mezzo. Avanti, senza paura!"
È una festa per tutti. Il Ranocchio costruisce immediatamente un trampolino, mentre il Merlo trasforma il suo nido in una barchetta, sulla quale porta in giro due delle sorelle Topine: la terza resta di guardia a riva, con il salvagente, non si sa mai... La Lontra si diverte a nuotar sott'acqua, per poi rovesciare il barattolo che il Ranocchio usa come barchetta.
"Attenzione, passa il bolide!", strilla il Cervo Volante che fa lo sci d'acqua su un baccello trainato dai bombi.
"Pista, pista! Sto per tuffarmi!", grida un altro ranocchio.
"Ah, che confusione!", sospira il Topo Nero, placidamente steso sotto l'ombrellone. E intanto sono arrivate le formiche, con la loro barca a guscio di noce e il Bruco, sempre gentile, si presta a far da passerella, mentre il Criceto ha trovato una comodissima imbarcazione sulla pancia della Tartaruga...
"Insomma, adesso sì che si può davvero godere l'estate!"
Il Castoro però non si concede riposo, e, aiutato dal Riccio e dal suo assistente, sta misurando la profondità delle varie vasche:
"Puuuff!", dice sputando acqua, "questa è proprio profonda, dovremo riservarla ai nuotatori esperti!... Ehi! Ma questa Cicala non la smette di cantare?"
Il Ranocchio organizza una scuola di nuoto, con tanto di cartelli!
"Vi ho visti, avevate le cuffie", dice ai topini, "ma non avete stile, e nuotate come... boh, come topi, ecco. Invece, vedete? Ci sono diversi stili. C'è il nuoto a rana, il nuoto di schiena o a tartaruga, il nuoto a farfalla... tutti hanno una loro particolarità, vedete? Ma ricordatevi, ragazzi miei, che la cosa principale, nel nuoto, è la respirazione e la prudenza..."

"...per te che sei una rana nuotare è facile! Magari fossimo così bravi anche noi", dicono i topini. "Ma no!", dice la Rana, "perché non provate con il crawl?"

La pannocchia

"Ehi, guardate un po'", dice la Formica Numero Undici (sono tante, sapete, le formiche, e si chiamano con un numero), "che cosa ho trovato!"
"Be', è un chicco di granturco", risponde la Formica Tredici.
"E a che cosa serve?"
"Puoi mangiarlo, se vuoi. Lo tagli in due, lo condisci con un po' di sale o zucchero, e lo mangi. Proviamo?"
"Ma certo!"
Le due formiche prendono la scure e stanno per spaccarlo, quando qualcuno esclama:
"Ehi, un momento! Che diavolo fate?"
È il Riccio che viene avanti con aria seria seria.
"Stiamo mangiando un chicco di granturco", rispondono le formiche.
"Brave sciocche! Non sapete che da questo chicco può venir fuori una pannocchia? Lo si mette sottoterra, lo si innaffia, lo si cura, e dopo un po' si ha una pannocchia con cento, duecento chicchi!"
"Dici davvero?"
"Garantito."
Le formiche parlottano un po' tra di loro, poi:
"Senti", dice la Formica Undici, "noi ti diamo questo chicco e tu lo pianti. Se verrà fuori la pannocchia, faremo metà a te e metà a noi. Ti va?"
Riccio ci pensa un attimo, poi dice:
"D'accordo, cinquanta per cento a testa. Affare fatto. Qua la mano."
Così Riccio sotterra il chicco, rimbocca il terreno, lo innaffia, lo protegge dal sole e dalla rugiada ed ecco, dopo un po', comincia a germogliare una piantina. Tutti gli abitanti del bosco sono lì a guardare, pieni di curiosità. E ciascuno vuol dire la sua:
"Però", dice ad esempio il Topino, "il Riccio lavora e lavora e poi dovrà fare a metà con le formiche che, invece, non fanno niente!"
"Già, ma le formiche hanno fornito il chicco, e senza chicco non ci sarebbe

"Innaffiala bene così crescerà più in fretta!"

pannocchia", ribatte lo Scoiattolo.
"Grà dico e grà ripeto, grà, non ci sarà nessuna pannocchia", fa il Corvo, sempre pessimista, scuotendo la testa.
E invece ha torto, perché al momento giusto, ecco una bella pannocchia rigonfia e con una tenera barba, prima bianchiccia e poi rossa: che festa nel bosco!
"Mangiamola con il latte!", propone il Topo Nero.
"No, fritta", dice il Ranocchio.
"No, bollita", dice la Talpa.
"No, cruda", dice il Castoro. E intanto che si discute, le formiche, matita e quaderno alla mano, contano i chicchi: centosettantadue. Una stretta di mano con il Riccio e cominciano a portare i loro ottantasei chicchi al formicaio. Il Riccio ha deciso di mangiare i chicchi abbrustoliti e conditi con il miele che i bombi hanno portato; è inutile dire che tutti sono invitati alla merenda. S'accende il fuoco, si sistema la brace, si mette la pannocchia allo spiedo, la si cosparge di miele, la si fa girare: che buon odorino appetitoso si sparge tutto attorno! E intanto si è sistemata una tenda, si sono portate le bibite... gran festa, insomma.
L'unico a non far nulla è il Corvo.
"E tu che fai?", gli chiede il Ranocchio.
"Io? Aspetto di mangiare!"
Ce n'è proprio per tutti, e come sono buoni e croccanti i chicchi abbrustoliti e dolci di miele!
Naturalmente, se ce ne fossero di più, se ne mangerebbero di più... ma poi qualcuno, stanotte, avrebbe male al pancino.
È quello che capita alla Talpa che, per fortuna, aveva in casa delle bacche di ginepro stagionato, che guariscono tutti i dolori!
Mentre, distesa nel letto, aspetta che il mal di pancia passi del tutto, la Talpa sente un brusio e si affaccia alla finestra. Al chiaro di luna, le formiche stanno trasportando verso casa la grande pannocchia, tutta grigia e senza più nemmeno un chicco. Chiede la Talpa:
"Ehi! Ma che ve ne fate di quella roba?"
E le formiche, eterne risparmiatrici:
"Eh, non si sa mai, non si sa mai!... Studieremo cosa farne..."

"Formiche N. 1,2,5,7,14, tirate! Forza!", ordina la Formica N. 32. "Perché non scende ad aiutarci, invece di comandare", brontola la Formica N. 5.

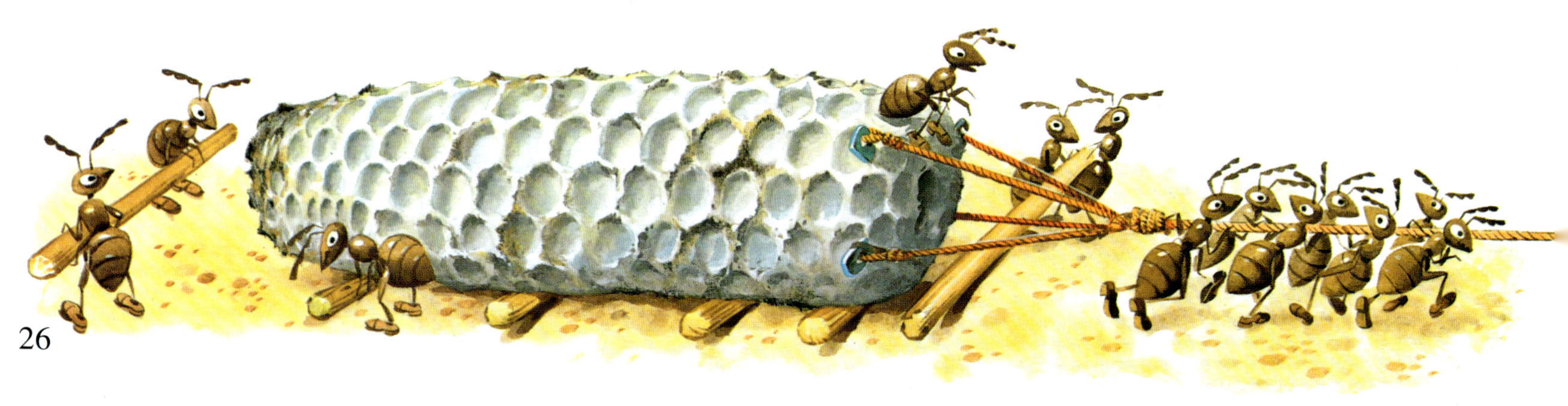

La grande spremuta

C'è qualcosa di nuovo, stamattina, nel bosco: qualche foglia gialla. Le sorelle Topine esclamano insieme: "È settembre!", e poi, ancora insieme: "I mirtilli! I lamponi! Le marmellate!"
Qualche minuto dopo, eccole uscire di casa con cesti, cestini e cestelli. Tutti gli anni, ai primi di settembre, fanno così e, aiutate da qualche amico, raccolgono profumati e dolci frutti del bosco, per trasformarli poi in marmellata. Per tutta la mattina, sotto i grandi alberi e tra i cespugli, si sentono voci, richiami e risate:
"Venite, venite qui! Guardate quanti ce ne sono!"
"Di qua! Non si sono mai visti lamponi come questi!"
"Correte a vedere quanti mirtilli!"
A mezzogiorno, cesti, cestini e cestelli sono strapieni!
"E adesso, chi ci aiuta a fare la marmellata?", chiedono le sorelle Topine.
"Domandiamo alla Tartaruga..."
"Ah, sempre marmellata! Non la posso più mangiare, io, la marmellata! Mi fa ingrassare, sapete? E se ingrasso, scoppio! Non vedete che vestito stretto e rigido ho? L'anno scorso ero talmente ingrassata che non riuscivo nemmeno a rientrare nel guscio e ho preso un raffreddore dietro l'altro!"
"Ma quest'anno abbiamo tanta frutta e non possiamo buttarla! Come faremo?"
"Vi dico io cosa fare: una grande spremuta!"
"Penserò io a tutto! Non preoccupatevi!", e la Tartaruga, con l'aiuto del Castoro, costruisce uno strano marchingegno. A vederlo, sembra un'altalena, ma a guardarlo bene, si vede che è anche una macchina per spremere lamponi e mirtilli!
"Ecco, vedete? Qui si mette la frutta... si sale sull'altalena, si va su e giù, ci si diverte... la spremuta è fatta!" Le sorelle Topine spalancano gli occhi ed esclamano tutte insieme: "Oooooh! Che meraviglia!"

"Chi mi aiuta a fare la marmellata?"

Lamponi
Lamponi
Lamponi

Comincia dunque il lavoro, che è anche un gioco e che, come tutti i giochi, ha le sue regole. Chi porta un cestino di lamponi o di mirtilli guadagna, oltre alla bottiglia di spremuta, un "giro" sull'altalena; chi ne porta due ne guadagna due e così via.

"Ehi, ehi! Ma noi siamo troppo leggere per salire sull'altalena!", protestano le formiche. Rispondono le sorelle Topine:

"Voi scriverete le etichette per le bottiglie, d'accordo?"

Così si fa, ed ecco che arriva gente da tutte le parti. Arrivano i bombi, che non hanno raccolto nemmeno un frutto, ma che vogliono contare i mirtilli (chissà perché!); il Riccio e il Castoro si offrono come assaggiatori, mentre la Cavalletta vaga qua e là senza far nulla, finché s'imbatte nel Grillo che le dice:

"È che non mi sento troppo bene, quest'oggi, devo avere l'influenza: ho idea che questa spremuta mi faccia bene! Aiutami a bere! È così pesante il bicchiere!"

E intanto, dalla sua casetta nel fungo, s'affaccia il Bruco, indeciso come al solito, e pensa: "Che faccio? Scendo o resto qui? La spremuta non mi piace troppo, ma sono tutti così allegri! Potrei salire sull'altalena... No, mi vengono le vertigini. Che faccio, dunque? Scendo o non scendo?"

Arrivano altri cesti di frutta e, sull'altalena a divertirsi e a lavorare, si alternano le Tartarughe, il Criceto, il Ranocchio, il Topo D'acqua e così via; ogni qualvolta l'asse si abbassa, il barile si riempie. Intanto le Topine preparano le bottiglie.

Alla fine, quando il sole tramonta tutto rosso nel cielo e sul bosco scendono le prime ombre, la grande spremuta è finita, e le sorelle Topine ripongono le bottiglie ben tappate nella dispensa:

"La Tartaruga ha avuto davvero una buona idea!", dicono insieme, "vedrete in quanti verranno a farci visita quest'inverno per assaggiare le nostre spremute."

Intanto il Bruco si è finalmente deciso: "Ma sì, scendo!"

Ma, sceso dal fungo, ha una brutta sorpresa: festa e lavoro sono ormai finiti, e non c'è più nessuno.

"...sarà meglio non dire a nessuno dove le abbiamo messe, altrimenti la Talpa che è golosa potrebbe avere delle tentazioni!"

Lo zoccolo gigante

Ma sì, certo, la piscina è bellissima, però fare il bagno nel ruscello è molto più divertente. Occorre naturalmente essere bravi nuotatori; occorre saper nuotare sopra e sotto l'acqua, tuffarsi, scendere giù giù fino a toccare il fondo, risalire poi a gran velocità, mettere la testa fuor d'acqua...
"Ahi, ahi, la mia povera testa!"
Proprio così. Salendo a galla dopo un tuffo, il Ranocchio è andato a sbattere contro qualcosa che s'è incagliato tra le canne e i fili d'erba della riva del ruscello. Ha preso proprio una bella zuccata!
"Ho proprio visto le stelle", pensa. Ma eccolo guardare incuriosito l'oggetto che gli ha procurato quel bernoccolo: "Oh bella!", dice, "E che cos'è?

"Usiamolo come barca!"

Sembra uno zoccolo! Ma come è possibile che uno zoccolo sia così grosso?"
In quattro e quattr'otto si sparge la voce tra gli abitanti del bosco e, pieni di allarme e di curiosità, tutti corrono a vedere. La Volpe entra cauta nello zoccolo, lo esamina, lo fiuta a lungo:
"Sì", dice uscendo, "nessun dubbio. Qua dentro c'è stato un piede."
"Ma chi può avere piedi così grossi?", chiede l'Orsetto.
"Ho un po' di paura io", mormora il Coniglio.
"Niente paura!", esclama il Castoro. "Forse in questo zoccolo c'era un piede: adesso, però, non c'è più, e quindi è roba nostra. E sapete che cosa ne faremo?"
"Una nave! Sì, trasformeremo lo zoccolo in un bastimento e ci faremo delle crociere su e giù per il ruscello, fino allo stagno! Su, ragazzi!"
Ormai li conosciamo bene, gli abitanti del bosco, e sappiamo che quando si tratta di lavorare non si tirano indietro. Ecco dunque che s'affaccendano in cento modi: i picchi aprono gli oblò e i boccaporto, i topini preparano le aste per la tenda, le sorelle Topine ricamano la bandiera del bosco, che reca come stemma un bel fungo porcino, insomma lo zoccolo viene trasformandosi in bastimento.

"Eh, una nave non è una nave se non ha la sua barchetta di salvataggio!", avverte però il Topo Nero che di navi se ne intende. Allora le cavallette preparano una piccola scialuppa che viene presa al traino. Viene dunque il momento dell'imbarco. Ma la Faina, la Cavalletta e qualcun altro di salire a bordo non ne voglion sapere!
"Non sapete cosa perdete! Venite!", dice la Tartaruga.
"Eh, ho paura io", risponde la Faina.
"Di che cosa? Dell'acqua?"
"No."
"Dello zoccolo?"
"Nemmeno!"
"E allora?"
"Non lo so. Mi spiace. Chissà come mi divertirei! Ma..."
La Cicala comincia ad intonare l'Inno dello zoccolone, che ha composto per l'avvenimento; l'Orsetto e la Marmotta, che sono i più robusti, si prestano a trainare la nave che comincia a salire il ruscello, tra gli evviva generali.
La Lontra controlla lo scafo stando in acqua. È una meraviglia, vedere lo zoccolo navigare nell'acqua limpida! Ci si diverte un mondo, a bordo. È proprio bello viaggiare così, senza fatica! Dicono le sorelle Topine:
"Ah che bellezza le crociere!"
Però non si può pretendere, naturalmente, che l'Orsetto e la Marmotta debbano sempre far fatica e trainare la nave: è giusto che vi salgano anch'essi. Ma se non ci sono loro a tirare, come si naviga?
Ed ecco i ranocchi che si danno da fare e inventano e costruiscono una macchina meravigliosa: un'elica, che viene messa in movimento attraverso un sistema speciale di funi e di ruote, con l'energia fornita da due pedalatori! Da questo momento, lo "Zoccolo gigante" (questo è il nome della nave) può navigare senza essere trainato. Inutile dire che l'Orsetto e la Marmotta sono fra i più contenti...
Però, di tanto in tanto, fra una crociera e l'altra, qualche abitante del bosco si chiede preoccupato e dubbioso:
"Ma di chi sarà stato questo zoccolo così grande?..."

"Ma sei proprio sicuro che funzionerà questa elica? Non sarebbe meglio portare un paio di remi per sicurezza?"

Uno strano pic-nic

Prima o poi tutti gli abitanti del bosco, a turno, vengono invitati a casa delle sorelle Topine per un tè con i pasticcini (ehm... chissà che non sia una scusa, questa, per farsi delle belle merendine tutte le settimane, senza esser considerate golose?).
Ad ogni modo, questa volta alle Topine è riuscita una torta davvero fantastica: zucchero, farina gialla, lievito, vaniglia e uova si sono davvero mescolati in modo meravigioso! Naturale che le tre sorelle pensino a qualche invito; però stavolta non vogliono dei mangioni come il Topo Nero o la Tartaruga che in un batter d'occhio, gnam gnam, divorano tutto; invitano dunque i più piccoli e delicati abitanti del bosco: le coccinelle, la Cicala, le cavallette, i bombi e le formiche, oltre, naturalmente, ai loro nipoti topini. E siccome è una bellissima giornata di sole, si decide di fare un pic-nic all'aria aperta, nel praticello delle campanule.
Si sono stese le tovaglie, si sono messi i piatti; le Topine stanno preparando fette di torta e bicchierini di spremuta di mirtilli e lampone, quando il sole se ne va e viene un gran colpo di vento. Tutti guardano in su: il cielo, fino a poco prima tutto azzurro, si è riempito di nuvoloni neri. Sta arrivando un temporale.
"Oh, il nostro povero pic-nic!", esclamano le sorelle Topine.
In quel momento, ecco che nel praticello compaiono Ranocchio, Talpa e

"Aiuto! Mi è volato via il cappello! Attente alla teiera! Che vento!"

Riccio che erano andati a fare una passeggiata. Vedono le Topine e i loro invitati che cercano in qualche modo di riporre in fretta nei cesti tovaglie, piatti, bicchieri e torta, e dicono: "Ehi! Ma che cosa succede?"
"Oh! Avevamo organizzato un pic-nic all'aria aperta, ma sta venendo questo tempaccio a rovinare tutto!"
"Niente paura, sappiamo noi come fare, non è vero ragazzi?", dice il Ranocchio.
La Talpa e il Riccio rispondono:
"Ma certo! Su, prendete la vostra roba, soprattutto la torta, e seguiteci!"
Mentre il vento soffia più forte, tutti seguono il Ranocchio, la Talpa e il Riccio, attraversano il praticello e arrivano in un angolo dove vi sono due bottiglie e un barattolo di vetro abbandonati, ben puliti dalla pioggia e ben asciugati dal sole:
"Ecco, entrate qui e sarete al riparo!", dice il Ranocchio.
"Che trovata meravigliosa!", dicono le sorelle Topine, e già le formiche, senza perder tempo, stanno preparando delle scalette, che permettano anche a loro di entrare nelle bottiglie; non appena al riparo, ecco che il Grillo e le coccinelle si accorgono che si può fare dello scivolo nel collo delle bottiglie! Sì, gli abitanti del bosco, appena possono, trovano sempre il modo di divertirsi.
La Cicala comincia a cantare e, per quanto fuori il vento soffi sempre più forte e il cielo sia sempre più buio, nelle bottiglie e nel barattolo si sta benone e il pic-nic è più allegro che mai.
"Vi meritate proprio un premio!", dicono le sorelle Topine al Ranocchio, alla Talpa e al Riccio, che sono troppo grossi, per poter entrare al riparo, ed ecco che a ciascuno tocca una bella fetta di torta.
Morale: si guadagna sempre ad essere gentili.
Il giorno dopo alle formiche viene un'idea meravigliosa:
"Sentite", dice la Formica Trentotto, "perché non trasformiamo queste bottiglie in serre?"
"Che cosa sono le serre?", chiede la Formica Settantancinque.
"Sono posti protetti dal vento, dal freddo e dalla pioggia, come questi. Vi potremo seminare e coltivare piante in ogni stagione."
E così, da quel giorno, dalle bottiglie trasformate in serra, arrivano alle formiche tutte le primizie possibili e immaginabili.

"Che caldo qui dentro! Sembra proprio di essere in una serra!"

Il quagliotto goloso

Quella mattina, una serena mattina di maggio, s'era udito dal cielo, sempre più forte, un gran fruscio di ali; poi dalle radure del bosco si era levato un immenso pigolio. Tutti sapevano bene di che cosa si trattava:
"Le quaglie! Sono tornate le quaglie!"
Proprio così. Le quaglie, che avevano passato i mesi invernali laggiù, nelle lontane terre dal clima sempre caldo, erano tornate. Eccole: ecco giungere un'altra ondata, bellissima da vedere. Centinaia di quaglie passavano agitando le ali in segno di saluto, scendevano e andavano subito alla ricerca dei vecchi nidi. La foresta sarebbe stata più allegra con loro.
Era bello vederle zampettare in cerca di semi e di chicchi da mangiare...
Già. Ma ce n'era una che non era molto ghiotta di chicchi e di semi; le piacevano di più i dolci, le focacce, le torte, specialmente quelle che preparavano le sorelle Topine. Già!
Anzi, non era una quaglia, ma era (come dire?) un quaglio, cioè una quaglia maschio, e si chiamava Tonfo, perché era così grande e grosso che quando atterrava, invece del piccolo e lieve rumore delle compagne, faceva un *pum*!, venendo giù come un mattone. Non vi dico poi che cosa accadeva se, invece di finire sull'erba, finiva in acqua! Si dovevano mobilitare tutti per tirarlo fuori; una volta lo tirarono a riva mezzo morto, e si dovette fargli la respirazione bocca a bocca, cioè becco a becco!
Tonfo era però un simpaticone. Raccontava le sue avventure di viaggio, descriveva i paesi visitati, i rischi corsi, e lo faceva così bene, che era una meraviglia ascoltarlo:
"... una volta, in Africa", narrava per esempio, "vedo un cacciatore che mi spara! M'abbasso, i pallini mi passano a un centimetro dalla testa, mi abbasso ancora e m'accorgo che sto per finire nella bocca spalancata di un serpente! Allora mi alzo, il serpente si alza per mangiarmi e il cacciatore spara ancora... Ci credereste? Invece d'una quaglia, quella volta il cacciatore uccise un serpente!"
Insomma, è così bello ascoltare Tonfo, che tutti fanno a gara ad invitarlo a pranzo o a merenda, e Tonfo - mangia oggi mangia domani - diventa

"...i tuoi amici stanno partendo!"

"...guardate! Stanno arrivando le quaglie! Chissà se c'è anche Tonfo!"

così grasso che, quando arrivano le prime nebbioline e i primi colori dell'autunno e le quaglie cominciano a prepararsi per la partenza... be', è così grosso e grasso che non riesce a spiccare il volo. Ci prova: allarga le ali, le agita, si solleva di mezzo metro, e *pum*! giù per terra con il suo pancione!

Ah, come fare? Rinviare il viaggio è impossibile, si possono incontrare i temporali sul mare! Bisogna andare assolutamente!

Ma non si può abbandonare Tonfo a se stesso. Che fare, allora?

Tutti ci pensano e Topo Nero, battendosi la fronte, esclama:

"Un'idea! Ricordo d'aver visto, una volta, un aquilone scendere in un prato: come era bello, come volava bene! Ricordo d'averne fatto uno schizzo... aspettate, corro a prenderlo e torno subito!"

Nel giro di pochi minuti (mentre qualche stormo di quaglie già si alza in volo), Topo Nero torna e gli abitanti del bosco, che hanno capito qual è la sua idea, si danno subito da fare: tira di qua e cuci di là, incolla su e ritaglia in giù, con l'aiuto di tutti, ma specialmente delle formiche e dei bombi, si costruisce un aquilone.

"Che ne volete fare?", chiede un po' spaventato Tonfo.

"Legarti all'aquilone, che le tue sorelle quaglie traineranno nel cielo fino in Africa!"

"Oh, ma ho paura! Non sono mai stato in aquilone!"

"Già, ma sta venendo il freddo e non puoi fermarti qui. E per riuscire a volare... be', dovresti restare a digiuno almeno una settimana!"

"A digiuno una settimana? Mai!", risponde Tonfo e, poco dopo, eccolo legato all'aquilone. È dura farlo decollare, ma con gli sforzi dei bombi e con l'aiuto del vento, finalmente Tonfo si alza, mentre le quaglie si preparano a trainare l'aquilone.

"Addio, grazie!", grida Tonfo. "Ci vediamo l'anno venturo! Preparate delle buone torte!..."

Ormai le quaglie s'allontanano sbattendo le ali, e l'aquilone non è che un candido rombo su nel cielo.

"Povero Tonfo", dicono le Topine, "chissà che viaggio farà!"

"Oh, ce la farà benissimo. E gli animali africani gli faranno gran festa!", risponde il Castoro, "ma se non gli prepareranno anche loro un aquilone per il ritorno, non lo vedremo mai più, Tonfo, dalle nostre parti!..."

Un cappotto per i cerbiatti

Quanta neve! Tanta, ma proprio tanta! Ha nevicato per una settimana di seguito; il bosco è diventato tutto bianco e silenzioso. Gli uccelli si sono ritirati nei loro nidi; alcuni, come il Ghiro, il Tasso e lo Scoiattolo si sono chiusi nelle loro case e, avvolti nelle coperte, hanno cominciato il letargo, cioè il grande e dolce sonno che continuerà fino alla primavera.
Questa stagione bianca e fredda è molto bella, per loro e anche per le sorelle Topine, che non vanno in letargo, ma che al calduccio lavorano per rendere la loro casa sempre più bella ed accogliente. Lucidano i mobili, preparano conserve, fanno maglie e magliette, ricamano lenzuola, e quest'anno preparano un bel tappeto che coprirà il pavimento del salotto. Escono raramente, per procurarsi un po' di farina con un po' di miele. Ecco! È proprio per procurarsi del miele (per le famose torte, sapete) che una delle tre sorelle, tutta imbacuccata, ha attraversato il bosco per andare dal Gallo Cedrone. In cambio di un barattolo di semi di girasole ha avuto un bel barattolo di miele dorato che il Gallo Cedrone aveva ricevuto in dono dalle api.
Sta tornando a casa, quando sente dei tristi sospiri. Si guarda attorno e vede, accanto a un cespuglio, due piccoli cerbiatti che tremano di freddo. Sì l'inverno sarà bello per gli animali che vanno in letargo o per le sorelle Topine, ma non per i cerbiatti o per i caprioli, che sono esposti al freddo e non sanno più che cosa mangiare! La neve infatti ha coperto l'erba ormai ingiallita e i cespugli sono gelati.

"Venite nel bosco e chiedete di noi... vedremo cosa potremo fare..."

HOME
SWEET
HOME

Fame e freddo: che brutte cose! E se contro la fame c'è qualche rimedio, perché scavando con gli zoccoli, un po' d'erba si trova, contro il freddo di rimedi proprio non ce ne sono.
Per questo i due piccoli cerbiatti tremano e sospirano.
"Oh", dice impietosita la Topina e, porgendo loro un po' di miele, "ecco, prendete questo, vi darà forza!" In un attimo, i due cerbiatti leccano il miele e guardano grati la Topina, che dice:
"Adesso non ho altro per voi, ma venite nel bosco: chiedete di noi, tutti vi indicheranno casa nostra e vedremo cosa potremo fare, le mie sorelle ed io."
Tornata a casa, racconta quello che ha visto alle sorelle e, alla fine del racconto, le Topine hanno gli occhi pieni di lacrime. Che cosa potrebbero fare, per quei poveri cerbiatti?
"Sono troppo grossi, per entrare nella nostra casa: se no, potremmo ospitarli qui fino a primavera!"
"È vero! È vero!"
"Vedete, soffrono più per il freddo che per la fame!"
"Oh, ho un'idea!"
"Che idea?"
"Invece di fare il tappeto per il salotto, perché non facciamo dei cappotti per quelle due povere bestiole?"
"Cappotti per i cerbiatti! Ma è meraviglioso!"
"Su su, al lavoro, dunque!"
Così le sorelle si mettono all'opera, disfano il tappeto e preparano due bei cappotti per i cerbiatti, e anche un berretto per la femmina. Lavorano felici e l'inverno non è mai stato così bello, per loro. Qualche giorno dopo, si sente come un lieve bussare alla porta; le Topine aprono e appare un musino umido, con due occhioni tondi e pieni di speranza: sono i cerbiatti.
"Oh, siete arrivati!", esclamano insieme le Topine ."Benissimo, abbiamo appena finito!"
E poco dopo, nel bosco fra il bianco della neve, si muove qualcosa di mai visto. Che peccato che Ghiro, Talpa e Scoiattolo perdano lo spettacolo! È davvero qualcosa di straordinario: due cerbiatti a scacchi colorati, che saltellano felici nella neve!...

"Tengono caldo e sono bellissimi!" , pensa contenta la cerbiattina, con in testa il suo cappellino rosa.

La grande alluvione

Una notte, improvvisamente, nel cielo rimbomba un gran tuono. Qualche abitante del bosco dorme così profondamente che non lo sente neppure; qualcun altro si sveglia per un attimo, s'avvolge nelle coperte, e riprende a dormire; un altro ancora, invece, spalanca gli occhi e pensa: "Un tuono? Sembra aprile! Come mai un tuono così presto? La primavera è ancora lontana!", e va fin sulla porta di casa a guardare il cielo.
È tutto coperto di grandi nubi nere, tra le quali filtra debole la luce della Luna. Poi, ecco, comincia a piovere. Si capisce subito che non è una pioggia come le altre.
Piove infatti fino all'alba e per tutto il giorno e per la notte che segue e per il giorno e la notte e il giorno e la notte dopo; piove senza un attimo di sosta, e il terreno è tutto fradicio; poiché la neve che era rimasta si scioglie, in breve ecco la terra scomparire sotto un palmo d'acqua.
"Non può durare così, cesserà presto", dice qualcuno.
Invece no: continua a piovere. I ruscelli si trasformano in torrenti, gli stagni in laghi. L'acqua comincia a salire.
La prima a dover lasciare la casa è la Talpa.
"Ehi, a momenti annegavo! Tutte le mie stanze, tutte le mie gallerie sono piene d'acqua!", dice arrampicandosi su un albero.
"Le cose si mettono male!", brontola il Corvo, "meglio che teniamo una riunione."
Il Gran Consiglio ordina dunque una riunione generale e, mentre gli abitanti discutono preoccupati, la pioggia continua furiosa. Ormai, l'acqua arriva alla porta delle case.
"Bisogna preparare una grande zattera, e salirvi tutti in attesa che la pioggia cessi!", propone lo Scoiattolo. Il Castoro fa segno di no:
"Troppo tardi, non abbiamo più tempo per costruirla!"
"E allora?", chiedono sgomente le

"Su, porta anche il baule della nonna! E non dimenticare il mio lavoro a maglia!"

sorelle Topine.
"Allora, dividiamoci in gruppi, e che ogni gruppo si procuri una imbarcazione. Dobbiamo andar via di qui."
"Oh! E dove andremo?"
"Verso le colline, dove l'acqua non potrà raggiungerci. Avanti, amici!"
Mentre piove ancora, ed è ormai l'inondazione, vengono sgomberate le case e i diversi gruppi si procurano ognuno una imbarcazione. Le formiche hanno il loro guscio di noce, le sorelle Topine il nido regalato dal Merlo, il Criceto s'è sistemato sulla Tartaruga, la Cavalletta e le coccinelle si sono imbarcate su una vecchia scatoletta trovata chissà dove; ai ranocchi basta un tronco, ma altri abitanti del bosco hanno costruito piccole ma salde zattere, le vedete? La Lumaca, con qualche amico, s'è procurata una barchetta di carta, i ricci un barattolo di salsa, e la Lontra spinge avanti una scatola sulla quale stanno i topini e il Ghiro che, naturalmente, s'è messo a dormire con il salvagente attorno alla pancia.
Insomma, è una migrazione. Certo c'è un po' di spavento e una gran malinconia, perché gli animali abbandonano le case; però la Cicala, con la chitarra, cerca di rincuorare gli animi. La spedizione è preceduta dagli uccelli.
"Avanti, allora! Remate!"
Vanno e vanno e la pioggia, che è caduta fino a ieri, è finalmente cessata. Tutti tirano un gran sospiro di sollievo, e quando il Tasso grida: "Ehi, ragazzi! Guardate in alto!", tutti alzano gli occhi al cielo e vedono che la fitta coltre di nubi che per giorni e giorni ha nascosto l'azzurro, qua e là viene aprendosi, lasciando passare un debolissimo raggio di sole!
"Evviva! Il maltempo è finito! Evviva!", si sente gridare.
Il peggio è dunque passato. Ma... Ma dove sono arrivati i nostri amici? In salvo, sì, tra alberi e cespugli e canneti, in un'altra zona della foresta. Ormai è notte!
Il Topo Nero sta scrutando l'orizzonte. D'un tratto fa un balzo:
"Non è possibile! Date un'occhiata! Vedete anche voi quello che vedo io?"
"Eh sì, incredibile!", rispondono le tre Topine.
Il Topo Nero non crede ai suoi occhi, ha visto qualcosa di stranissimo. Ma cosa?
È quello che sapremo nel prossimo libro...

"...mi è sembrato di veder scivolare via una barca su cui remava uno strano essere con un gran cappello..."

Ecco i personaggi dei libri di questa collana:

Se questo libro vi è piaciuto, ditelo ai vostri amici!

airone
la famiglia delle anatre
formiche
cerbiatti
agnellino
cuculo
grillo ballerino
bruco
coccinella, bombo e cervo volante
cinciarelle